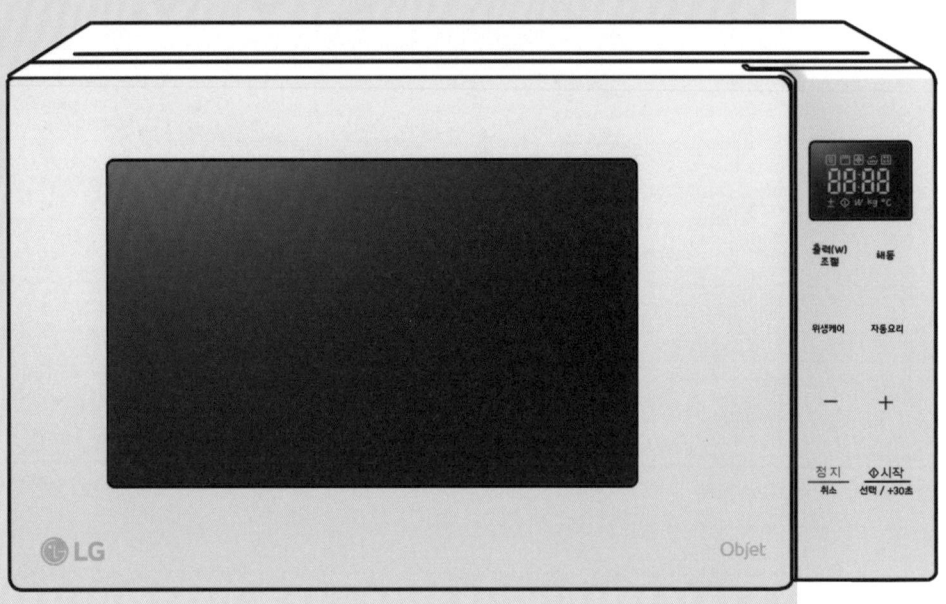

들어가며

주방에서 꼭 필요한 가전제품이 있습니다.
바로 전자레인지입니다.

전자레인지로 음식을 따뜻하게 데울 수 있습니다.
간편하게 조리할 수도 있어요.

이 책에는 전자레인지에 대한 다섯 가지 스토리가 있습니다.
전자레인지 사용 방법을 자세히 알려주는 별책도 있어요.

전자레인지를 올바르고 안전하게 사용할 수 있도록
스토리를 읽으며 이야기를 나누어 보세요.

목차

들어가며
2

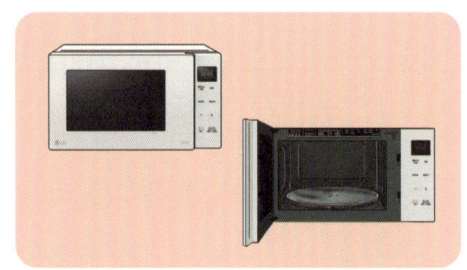

우리의 전자레인지 이야기
6

나를 위한 맛있는 한 끼!
24

알쏭달쏭
전자레인지 이야기
44

전자레인지는 어떻게
음식을 데우는 걸까?
64

초콜릿 때문에
전자레인지가
발명되었다고?
78

별책 :
전자레인지,
이렇게 사용해 보자!

우리의 전자레인지 이야기

여러분은 언제 전자레인지를 사용하나요?

그림을 보면서 함께 이야기해 봐요.

❝ 최근에 전자레인지를 사용해본 적이 있나요?
친구들과 자유롭게 이야기해 보세요.

민아 씨의 이야기

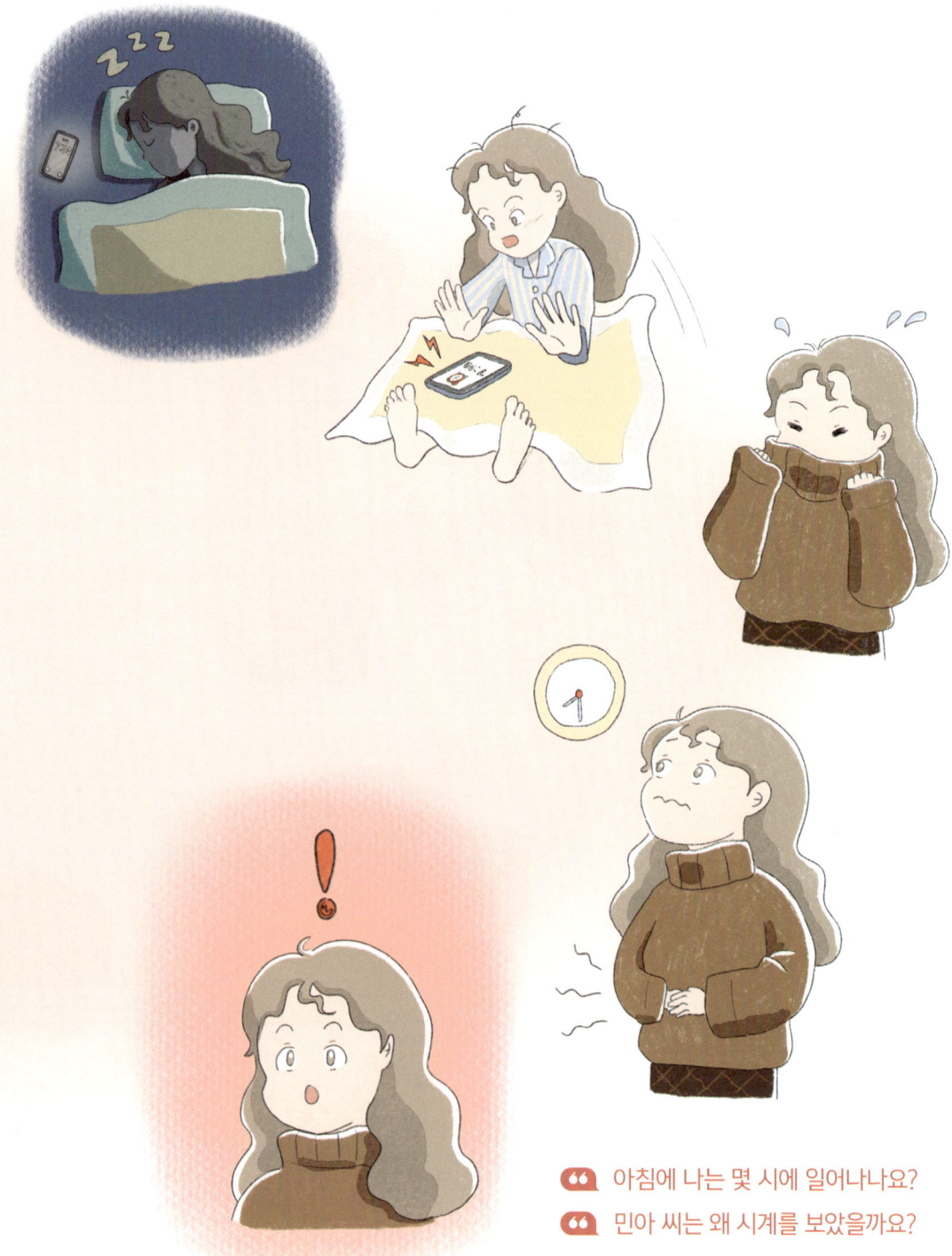

💬 아침에 나는 몇 시에 일어나나요?
💬 민아 씨는 왜 시계를 보았을까요?

💬 간편하게 먹을 수 있는 음식은 무엇이 있을까요?
💬 전자레인지를 사용할 때 어떤 컵을 사용해야 할까요?

위이잉~

우리의 전자레인지 이야기

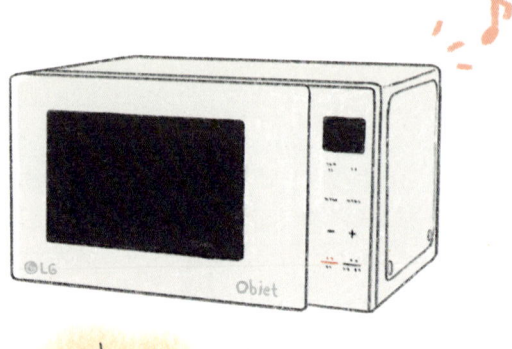

띵—

💬 오늘 아침에
나는 어떤 음식을 먹었나요?

안녕, 전자레인지! 맛있는 한 끼를 부탁해

저는 매일 아침마다 전자레인지를 사용해요.
아침에 출근을 해야 해서 음식을 준비할 시간이 부족한데요.
전자레인지로 우유나 음식을 빠르게 데울 수 있어서 좋아요.
저한테 전자레인지는 꼭 필요한 가전제품이예요!

- 음식을 따뜻하게 데워서 먹는 방법은 무엇이 있을까요?
- 나한테 꼭 필요한 가전제품은 무엇인가요?

동석이의 이야기

> 나는 학교 수업이 끝나면 무엇을 하나요?

💬 편의점에 갔던 경험을 말해 보세요.

💬 내가 편의점에서 자주 사먹는 음식은 무엇인가요?

💬 나는 친구와 함께 어떤 음식을 먹고 싶나요?

💬 그림에 있는 두 사람은 음식을 먹으며 어떤 이야기를 했을까요? 자유롭게 상상하며 이야기해 보세요.

'전자레인지'하면 편의점이 생각나요.
우리는 편의점에서 자주 간식을 사먹는데요.
그때마다 전자레인지를 사용해요.
삼각김밥, 핫바 같은 음식들을
전자레인지로 따뜻하게 데워서 먹어요.
음식을 빠르게 데워서 먹을 수 있어서 편해요!

💬 전자레인지가 있는 곳은 또 어디가 있을까요? 친구들과 이야기해 봅시다.

💬 전자레인지가 있어서 좋은 점은 무엇일까요?

현우 가족의 이야기

💬 우리 집 부엌에는 어떤 가전제품이 있나요?
💬 아빠와 아들은 어떤 음식을 요리할까요?
그림에 있는 음식 재료를 보고 이야기해 보세요.

안녕, 전자레인지! 맛있는 한 끼를 부탁해

💬 먹어보고 싶은 음식의 요리 방법을 어떻게 찾아볼 수 있을까요?
㉠ 요리책 찾아보기, 인터넷 검색하기

💬 내가 할 수 있는 요리가 있나요?
친구들에게 요리 방법을 소개해 보세요.

우리의 전자레인지 이야기

STEP. 1　　　　STEP. 2　　　　STEP. 3

❝ 광파오븐을 사용할 때 무엇을 조심해야 할까요?
㉮ 전자레인지 기능을 사용할 때
금속 그릇 사용하지 않기,
음식물 꺼낼 때는 조리용 장갑 사용하기

저는 주말마다 아들과 함께 요리를 해요.
그때마다 '광파오븐'을 사용합니다.
광파오븐을 전자레인지처럼 사용할 수 있고요.
오븐, 에어프라이기처럼 사용할 수도 있어요.
광파오븐으로 다양한 요리를 해볼 수 있어서
요리하는 시간이 즐거워요!

- 아빠와 아들이 함께 만든 음식은 어떤 맛일까요? 그림을 보면서 자유롭게 이야기해 보세요.
- 전자레인지와 광파오븐은 무엇이 비슷하고, 무엇이 다를까요? 인터넷에 '광파오븐'을 검색해서 찾아보세요.
- 광파오븐처럼 제품 하나에 여러 가지 기능이 있다면 무엇이 좋을까요?

그림을 완성해 보자

그림에 있는 사람들에게
어떤 가전제품이 필요할까요?
그림 속 빈칸에 가전제품을 그려 보세요.

우리 집 전자레인지를 소개해요

우리 집에 어떤 전자레인지가 있나요?

우리 집 전자레인지를 그림으로 그려 보세요.

나는 전자레인지로 어떤 음식을 만들어 먹나요?

전자레인지로 만들어 먹는 음식을 아래에 그려 보세요.

❝ 나는 어떤 그림을 그렸나요?
친구들과 함께 이야기해 보세요.

우리의 전자레인지 이야기

나를 위한 맛있는 한 끼!

여기는 김하준 씨 집입니다.
하준 씨는 요리하는 걸 좋아해요.
하준 씨는 맛있는 음식을 먹을 때
가장 행복해요.

하준씨가 냉장고 안을 살펴보고 있네요.
오늘 하준 씨는 무엇을 요리할까요?

> 하준 씨 집에 어떤 음식 재료들이 있나요?
> 하준 씨 집에 있는 시계를 보세요.
> 사람들이 무엇을 하는 시간인가요?

하준 씨가 떡볶이, 계란찜, 주먹밥을 요리하려고 해요.
하준 씨는 먼저 떡볶이를 요리하려고 합니다.
떡볶이를 요리하려면 어떤 재료가 필요할까요?
냉장고에서 떡볶이 재료를 찾아 동그라미를 그려 보세요.

"오늘은 떡볶이, 계란찜, 주먹밥을 요리해야지."

❝ 내가 하준 씨라면 무엇을 요리하고 싶나요?

❝ 음식을 요리해본 적이 있나요?
어떤 음식을 요리했는지 이야기해 보세요.

나를 위한 맛있는 한 끼!

하준 씨가 떡볶이 재료를 준비했어요.

"매콤한 떡볶이를 요리할 거야!"

💬 하준 씨는 어떤 재료를 준비했나요?
💬 떡볶이에 또 어떤 재료를 넣을 수 있을까요?
💬 떡볶이는 무슨 맛인가요?

하준 씨가 대파를 송송 썰었어요.

어묵도 먹기 좋게 잘랐어요.

하준 씨가 전기레인지 위에 프라이팬을 올렸어요.

프라이팬 안에 떡볶이 재료를 넣었어요.

전기레인지를 켜고 열의 세기를 높였더니

재료들이 보글보글 끓어요.

*조리할 때는 전기레인지가 뜨거워요.
 뜨거워진 전기레인지를 손으로 만지지 마세요.

💬 전기레인지를 사용할 때 어떤 냄비를 사용해야 할까요?

짠! 매콤한 떡볶이가

만들어졌어요.

💬 전기레인지가 있으면 무엇이 편할까요?
💬 요리할 때 무엇을 조심해야 할까요?
  예) 요리가 끝나고 뜨거워진 전기레인지에
      손 대지 않기

나를 위한 맛있는 한 끼!

하준 씨가 계란찜 재료를 준비했어요.

"전자레인지로 간편하게 계란찜을 만들어야지!"

💬 하준 씨는 어떤 재료를 준비했나요?
💬 전자레인지를 사용하면 무엇이 좋을까요?
💬 계란으로 만들 수 있는 음식은 무엇이 있을까요?

하준 씨가 계란찜 재료들을 함께 넣고 휘휘 섞었어요.

하준 씨는 전자레인지 안에 그릇을 넣었어요. 그릇 위에 뚜껑을 덮고 전자레인지로 조리를 시작했어요.

*그릇에 뚜껑을 덮을 때는 구멍이 있는 뚜껑만 사용하세요. 뚜껑이 없으면 그릇에 랩에 씌우고 젓가락이나 포크로 구멍을 여러 개 뚫으세요.

짠! 부드러운 계란찜이 만들어졌어요.

💬 하준 씨는 왜 그릇 위에 뚜껑을 덮었을까요?
💬 전자레인지로 음식을 요리할 때 어떤 그릇을 사용해야 할까요?
💬 인터넷에 '전자레인지에서 사용할 수 있는 그릇'을 검색해 보세요.

마지막으로 하준 씨가 주먹밥을 요리하려고 해요.

주먹밥을 요리하려면 어떤 재료가 필요할까요?

주방에서 주먹밥 재료를 찾아 동그라미를 그려 보세요.

- 주먹밥을 먹어본 적이 있나요?
- 주먹밥을 요리하려면 무엇이 필요할까요?
- 주먹밥을 어떤 모양으로 만들고 싶나요?

나를 위한 맛있는 한 끼!

하준 씨가 주먹밥 재료를 준비했어요.

"고소한 주먹밥을 만들어야지!"

💬 하준 씨는 어떤 재료를 준비했나요?
💬 주먹밥에 또 어떤 재료를 넣으면 맛있을까요?

하준 씨가 전자레인지로 즉석밥을 데웠어요.

*즉석밥은 포장지를 살짝 뜯고 전자레인지에 데우세요.

❝ 하준 씨는 즉석밥을 꺼낼 때 왜 보호 장갑을 꼈을까요?

하준 씨가 비닐 장갑을 꼈어요.
주먹밥 재료를 그릇에 넣고 골고루 섞어요.

짠! 동글동글한 주먹밥이 만들어졌어요.

❝ 즉석밥은 전자레인지로 몇 분 동안 데워야 할까요?

💬 하준 씨의 표정이 어때 보이나요?
💬 하준 씨는 오늘 어떤 음식을 요리했나요?

하준 씨가 요리한 음식을 맛있게 먹네요.
행복한 점심 시간을 보내고 있어요.

여러분은 하준 씨처럼 요리하고 싶은 음식이 있나요?
친구들과 자유롭게 이야기해 보세요.

무엇을 요리할까?

주방에 여러 가지 음식 재료가 있습니다.

주방에 있는 재료로 어떤 음식을 요리하고 싶나요?

아래에 내가 요리하고 싶은 음식 이름을 적어 보세요.

필요한 재료를 찾아라!

내가 요리하고 싶은 음식에는 어떤 재료가 필요한가요? 주방에서 필요한 재료를 찾아 동그라미를 그려 보세요.

어떤 가전제품으로 요리를 해볼까?

내가 원하는 음식을 요리하려면 어떤 가전제품이 필요한가요?

'맛있는 음식 재료' 스티커를 준비하세요.

내가 고른 음식 재료 스티커를 가전제품에 붙여 보세요.

내 요리를 소개합니다!

내가 요리하고 싶은 음식을 아래에 있는 그릇에 그려 보세요.
친구들에게 내가 그린 음식을 소개해 보세요!

알쏭달쏭 전자레인지 이야기

전자레인지로 간편하게 음식을 조리할 수 있어요.

그런데 전자레인지를 사용하다가 이런 생각을 해본 적이 있나요?

'이 음식은 전자레인지에 몇 초 동안 데워야 하지?'

'전자레인지로 음식을 데웠는데 왜 음식이 미지근하지?'

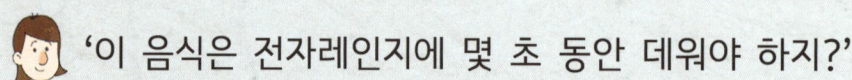
전자레인지로 어떤 음식을 데워 보았나요?

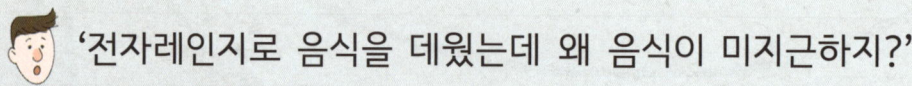
전자레인지로 음식을 데울 때 몇 초 동안 데워야 할까요?

이야기를 읽으면서

알쏭달쏭 전자레인지 퀴즈를 풀어봅시다.

❝ 궁금한 게 생기면 누구에게 물어보나요?
❝ 전자레인지를 사용하다 궁금한 게 생긴 적이 있나요?

전자레인지에 삼각김밥을 몇 초 동안 데우지?

💬 나는 삼각김밥을 먹어본 적이 있나요? 무슨 맛 삼각김밥을 먹어 보았나요?
💬 전자레인지로 조리할 수 있는 음식을 말해 보세요. 예 핫바

왼쪽에 있는 삼각김밥을 전자레인지로 데우려고 해요.
전자레인지에 몇 초 동안
삼각김밥을 데워야 할까요?
내 생각을 아래에 적어 보세요.

삼각김밥을 전자레인지에 [　　] 초 동안 데운다.

💬 삼각김밥을 몇 초 동안 데워야 한다고 생각하나요?
　　친구들에게 이야기해 보세요.

20초 동안 데워요

아래에 있는 삼각김밥은 전자레인지로 20초 동안 데워야 해요.

삼각김밥 포장지에 전자레인지 조리 시간이 적혀 있어요.

조리 시간을 보면 음식을 몇 초 동안 데워야 하는지 알 수 있어요.

💬 포장지에는 또 무엇이 적혀 있나요?
💬 20초보다 더 오래 삼각김밥을 데우면 어떻게 될까요?

포장지에 있는 조리 시간을 확인해요

만두, 햄버거, 즉석밥 같이 다양한 식품에도

전자레인지 조리 시간이 적혀 있어요.

전자레인지에 음식을 데우려고 하나요?

포장지에 있는 조리 시간을 확인해 보세요.

- 고기 만두는 전자레인지로 몇 분 동안 데워야 하나요?
- 위에 있는 음식 중에서 가장 조리 시간이 짧은 음식은 무엇인가요?

음식 포장지를 꼭 확인해 보세요!

'전자레인지 조리불가'가 있는 포장지도 있어요.

'전자레인지 조리불가'라고 써있으면 전자레인지로 조리하지 마세요.

컵라면 뚜껑처럼 '알루미늄'으로 만든 포장지도

전자레인지로 조리하지 마세요.

포장지가 타거나 불이 날 수 있어요.

*스티로폼으로 만든 컵라면 그릇도 전자레인지에서 조리하지 마세요.

❝ 전자레인지로 조리할 수 없는 포장지는 또 무엇이 있을까요?
인터넷에 '전자레인지에서 사용할 수 없는 포장지'를 검색해 보세요.

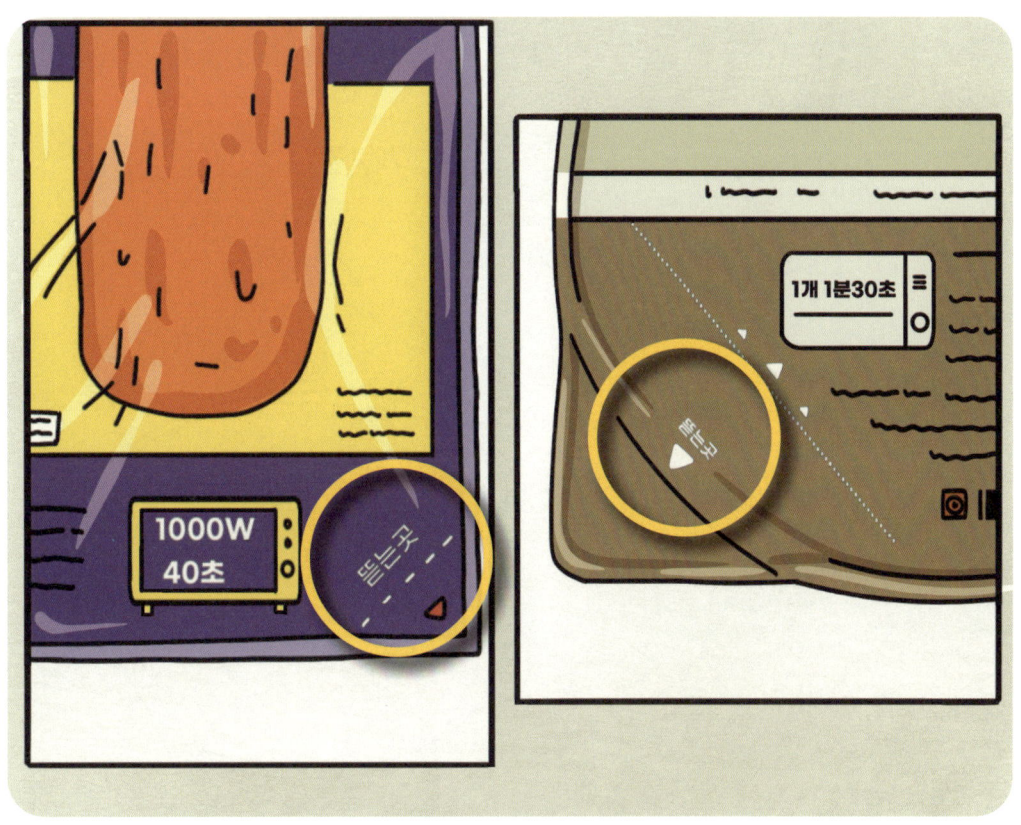

포장지에 '뜯는곳'이 있는 음식도 있어요.

포장지를 점선까지 뜯고 전자레인지에 조리하세요.

포장지를 뜯지 않고 조리하면

포장지가 터질 수 있어요.

💬 포장지에 '뜯는곳'이 있는 음식을 말해 보세요. 예) 즉석밥

포장지가 없을 때는 어떡하지?

포장지가 없는 음식도 있습니다.

포장지가 없으면 조리 시간을 알기 어려워요.

이럴 때 전자레인지에 음식을 어떻게 조리해야 할까요?

친구들의 이야기를 들어봅시다.

💬 포장지가 없는 음식은 조리 시간을 어떻게 알 수 있을까요?
친구들과 이야기해 보세요.

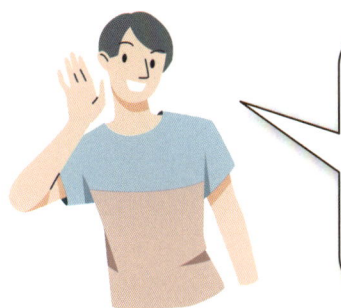

저는 음식을 몇 초 동안 조리해야 하는지 모르면 엄마나 아빠에게 물어봐요.
엄마나 아빠가 알려주는 시간대로 음식을 조리해요.

저는 인터넷으로 조리 시간을 알아봐요.
검색창에 '전자레인지에 계란찜 데우는 방법'을 검색해요.
전자레인지에 계란찜을 몇 초 동안 데워야 하는지 알 수 있어요.

❝ 조리 시간을 알 수 없을 때 어떻게 해야 할까요? 내 생각을 아래에 적어 보세요.
㉠ 음식을 30초 동안 데우고 따뜻해졌는지 확인한다.
아직 음식이 차가우면 30초 더 데운다.

알쏭달쏭 전자레인지 이야기

포장지에 조리 시간이 왜 두 개가 적혀 있지?

- 핫바 포장지에 적힌 조리 시간을 찾아서 동그라미를 그려 보세요.
- 1분은 몇 초인가요?
- 핫바 포장지에 '뜯는곳'을 찾아 보세요. 어디까지 뜯어야 할까요?

왼쪽에 있는 핫바 포장지를 보세요.

포장지에 조리 시간이 두 개가 적혀 있어요.

'1분'이 있고 '40초'가 있습니다.

포장지에 조리 시간이 왜 두 개가 적혀 있는 걸까요?

아래에 내 생각을 써보세요.

💬 전자레인지에 조리 시간이 왜 두 개가 적혀 있을까요?
　　내가 적은 생각을 친구들에게 이야기해 보세요.

💬 조리 시간 앞에 1000W라고 적혀 있습니다.
　　'W'는 무엇일까요?

전자레인지 열의 세기마다 조리 시간이 달라요

전자레인지마다 열의 세기가 다를 수 있어요.

어떤 전자레인지는 열의 세기가 600W(와트)입니다.

어떤 전자레인지는 열의 세기가 1000W입니다.

숫자가 클수록 열의 세기가 더 강해집니다.

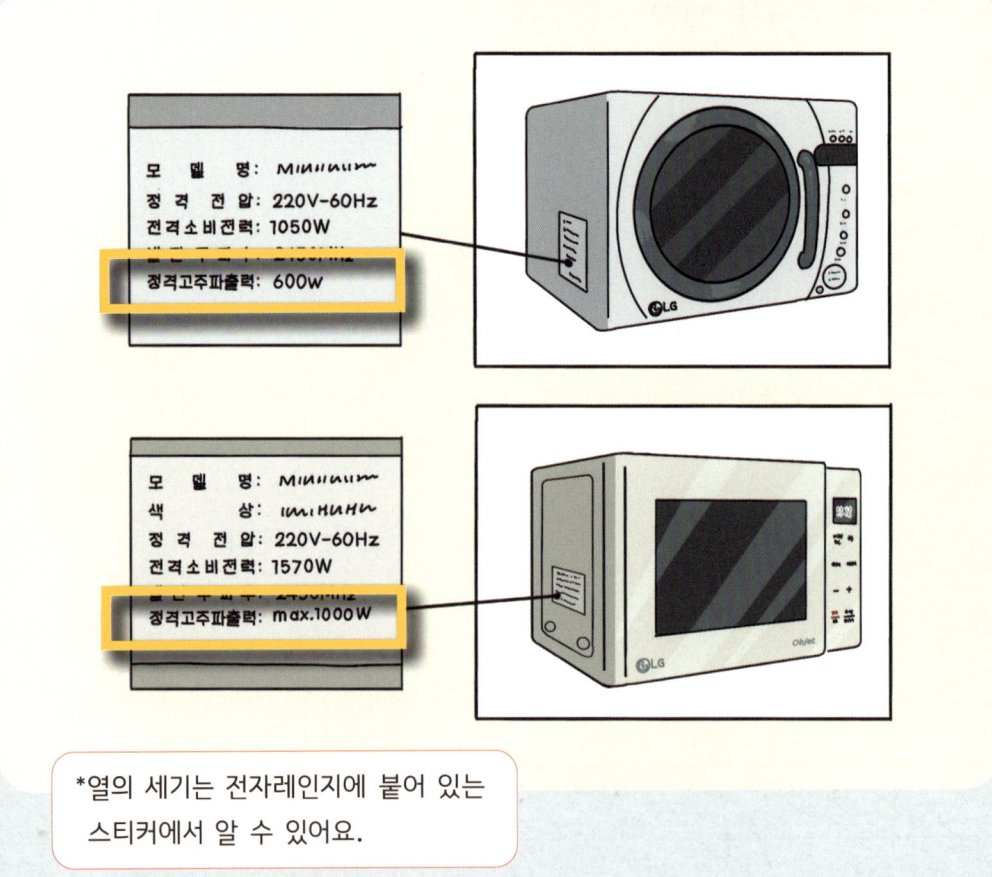

*열의 세기는 전자레인지에 붙어 있는 스티커에서 알 수 있어요.

> 600W(와트) 전자레인지와 1000W(와트) 전자레인지가 있습니다.
> 어떤 전자레인지가 더 열이 셀까요?

전자레인지 열의 세기가 강하면 음식이 빠르게 데워져요.

1000W 전자레인지는 핫바를 40초 동안만 데우면 돼요.

40초 동안 데우면 핫바가 따뜻해져요.

600W 전자레인지는 핫바를 1분 동안 데워야 해요.

1분 동안 데워야 핫바가 따뜻해져요.

열의 세기마다 음식을 데우는 시간이 달라서

포장지에 조리 시간이 두 개 적혀 있어요.

*열의 세기를 바꿀 수 있는 전자레인지도 있어요.
　열의 세기를 바꾸는 방법은 별책 27쪽을 확인하세요.

열의 세기를 알 수 없을 때는 어떻게 하지?

전자레인지 열의 세기를 알 수 없을 때는

어떻게 핫바를 데워야 할까요?

사람들의 이야기를 들어봅시다.

❝ 1분 동안 핫바를 데울 건가요? 40초 동안 핫바를 데울 건가요?

저는 1분 동안 핫바를 데울 거예요. 40초 동안 핫바를 데우면 핫바가 미지근할 수 있어요. 1분 동안 핫바를 데웠는데 핫바가 너무 뜨거우면 식혀 먹을 거예요.

저는 40초 동안 핫바를 데울래요. 더 짧은 조리 시간으로 핫바를 데우는 게 안전해요. 40초 동안 핫바를 데웠는데 아직 핫바가 미지근하면 10초씩 더 데우면 돼요.

💬 전자레인지 열의 세기를 알 수 없을 때 핫바를 어떻게 데울 건가요?
내 생각을 아래에 적어 보세요.

> **전자레인지 조리 시간을 찾아라!**

아래에 네 가지 음식이 있어요. 음식 포장지에서 전자레인지 조리 시간을 찾아서 동그라미를 그려 보세요.

네 가지 음식의 조리 시간을 아래에 써보세요.

맛있는 떡볶이는 ☐ 분 ☐ 초 동안 데워요.

스파게티는 ☐ 분 동안 데워요.

고기만두는 ☐ 분 동안 데워요.

콤비네이션 피자는 ☐ 분 ☐ 초 동안 데워요.

💬 네 가지 음식 중에서 조리 시간이 가장 긴 음식은 무엇인가요?
💬 네 가지 음식 중에서 조리 시간이 가장 짧은 음식은 무엇인가요?

전자레인지 조리 시간을 맞혀라!

친구와 함께 게임을 해봅시다.

62쪽, 63쪽에 있는 순서를 따라해 보세요.

1 전자레인지로 조리할 수 있는 음식을 준비하세요.
포장지가 있는 음식을 준비하면 됩니다.
내가 준비한 음식의 이름을 오른쪽 '음식 이름' 칸에 써보세요.
**포장지에 있는 조리 시간을 먼저 보지 마세요!

2 내가 준비한 음식은 전자레인지에 몇 초 동안 데워야 할까요?
오른쪽 '내가 생각한 조리 시간' 칸에 써보세요.

3 포장지에 있는 조리 시간을 확인하세요.
몇 초 동안 데워야 하나요?
오른쪽 '포장지에 있는 조리 시간' 칸에 써보세요.

4 포장지에 있는 조리 시간과 더 비슷한 사람이 승리합니다.

음식 이름	내가 생각한 조리 시간	포장지에 있는 조리 시간
예 만두	1분 30초	2분 30초

💬 어떤 음식 포장지를 준비했나요?
💬 포장지에 있는 조리 시간과 더 비슷한 사람은 누구인가요?

전자레인지는
어떻게 음식을 데우는 걸까?

전자레인지 안에서 음식이 빙글빙글 돌아가고 있네요.

3초… 2초… 1초… 땡!

조리가 끝나면 음식이 따뜻하게 데워집니다.

전자레인지 안에는 뜨거운 불이 없습니다.

어떻게 전자레인지에서 음식이 데워지는 걸까요?

💬 전자레인지 조리 시간이 끝나면 왜 소리가 나는 걸까요?
💬 전자레인지 안에서 음식이 어떻게 따뜻하게 데워지는 걸까요?
　친구들과 자유롭게 이야기해 보세요.

전자레인지는 어떻게 음식을 데우는 걸까?

전자레인지가 작동할 때 ○○○○○가 나온다!

전자레인지가 어떻게 음식을 데우냐면요.

전자레인지 안에서는 '마이크로파'라는 전자파가 나와요.

마이크로파가 전자레인지 안에 있는 음식을 따뜻하게 데워요.

💬 전자레인지는 무엇으로 음식을 데우나요?
💬 '전자파'라는 말을 들어 본 적이 있나요?

마이크로파는 불처럼 뜨겁지 않아요.
그런데 어떻게 음식을 따뜻하게 데우는 걸까요?

마이크로파가 음식을 뜨겁게 데우는 방법

전자레인지로 물을 30초 동안 데워 봅시다.

위이이잉- 전자레인지가 작동하면

전자레인지 안에서 마이크로파가 나옵니다.

이때, 물에서 어떤 일이 생길까요?

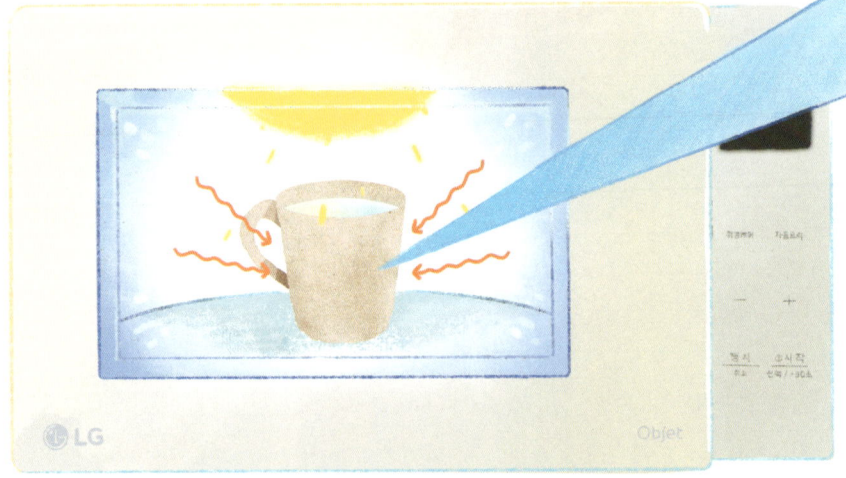

물에는 아주 작은 수분 분자들이 있는데요.
전자레인지 안에서 나오는 마이크로파가
수분 분자들과 부딪혀요.

마이크로파와 수분 분자들이 부딪치면서
수분 분자들이 빠르게 움직여요.
수분 분자들끼리 서로 부딪치기 시작하죠.

수분 분자들이 서로 부딪치면
수분 분자의 온도는 어떻게 될까요?

수분 분자의 온도가 점점 올라가요.
수분 분자가 뜨거워져요.

물에 있는 수분 분자들이 뜨거워지면서
물이 뜨거워지는 거랍니다.

- '온도'라는 말을 들어 본 적이 있나요?
- 손바닥을 마주 대고 빠르게 문지르면 손바닥의 온도가 어떻게 되나요?

음식에도 수분 분자가 있다!

우리가 먹는 음식에도 수분 분자가 있어요.

수분 분자가 있는 음식을 전자레인지에 데우면 어떻게 될까요?

오른쪽 그림을 보세요.

전자레인지로 삼각김밥을 데우고 있어요.

❝ 수분 분자가 적은 음식도 있습니다.
어떤 음식에 수분 분자가 적을까요? 예) 마른 오징어

전자레인지 안에서 마이크로파가 나오는데요.

마이크로파가 삼각김밥에 있는 수분 분자들과 부딪쳐요.

수분 분자들은 빠르게 움직이기 시작해요.

이제 수분 분자들은 어떻게 될까요?

삼각김밥에 있는 수분 분자들은
빠르게 움직이면서 서로 부딪쳐요.
서로 부딪치면서 온도가 점점 올라가요.
이렇게 수분 분자의 온도가 올라가면서
삼각김밥이 따뜻하게 데워져요.

뜨거운 불이 없는 전자레인지!

전자레인지는 불 대신 마이크로파로 음식을 데워요.

마이크로파로 수분 분자를 움직여서

음식을 따뜻하게 만들죠. 어때요, 참 신기하죠?

💬 이야기를 읽고 나는 무엇을 알게 되었나요?
친구들과 함께 이야기해 보세요.

색칠을 해봐요

전자레인지 속 마이크로파가

어떻게 음식을 데우는지 알아보았습니다.

내가 알아본 내용을 기억하며 아래 그림을 색칠해 봅시다.

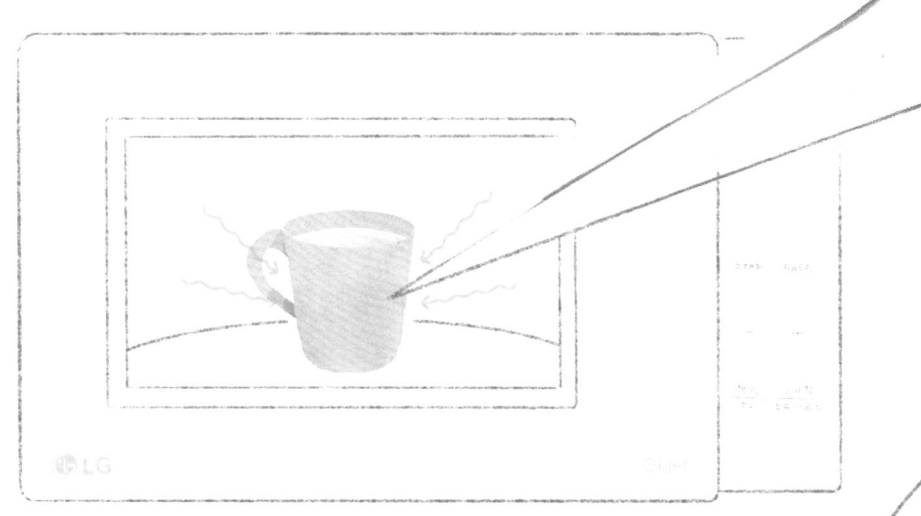

초콜릿 때문에 전자레인지가 발명되었다고?

오른쪽에 있는 그림을 보세요.
커다란 기계가 하나 있네요.
이 기계는 무엇일까요?

오른쪽에 있는 기계는 무엇일까요?
친구들과 자유롭게 이야기해 보세요.

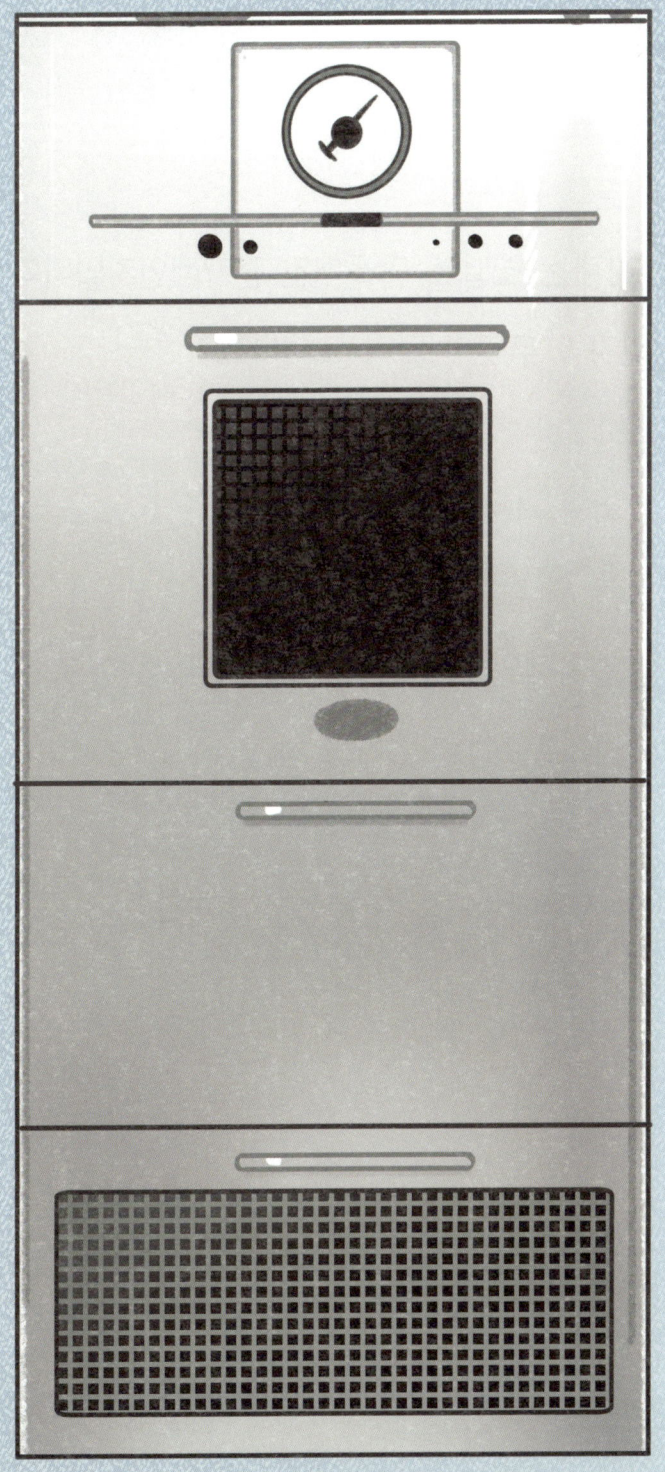

최초의 전자레인지!

그림에 있는 기계는 옛날에 만들어진 전자레인지입니다.
요즘 전자레인지와 무엇이 달라 보이나요?

 "크기가 엄청 커보여요!"

맞아요! 옛날 전자레인지는 크기가 크고 무거웠어요.
무게가 340kg(킬로그램)이었다고 해요.

누가 처음으로 전자레인지를 만들었던 걸까요?
전자레인지를 어떻게 만들게 되었을까요?

- 340kg은 어느 정도 무게일까요?
- 우리 주변에 다양한 기계와 물건을 누가 처음으로 만든 걸까요?
  내가 알고 싶은 발명 이야기를 인터넷에 검색해서 찾아보세요.

340Kg

초콜릿 때문에 전자레인지가 발명되었다고?

전자레인지 발명 이야기

옛날 미국에 스펜서라는 사람이 살고 있었어요.

스펜서는 전자파 기계를 만드는 회사에서 일했어요.

회사에서 전자파를 연구하며 일했어요.

스펜서

어느 날이었어요.

스펜서는 실험실에서 일을 하고 있었어요.

그런데 바지 주머니에서 이상한 느낌이 들었어요.

스펜서는 바지 주머니에 손을 넣어 보았어요.

주머니에 있던 초콜릿이 녹아 있었어요.

스펜서는 초콜릿을 보며 생각했어요.

 '이상한 일이군. 날씨가 덥지 않은데

　　왜 주머니에 있던 초콜릿이 녹았지?'

주머니에 있는 초콜릿이 왜 녹았을까요?
친구들과 자유롭게 상상하며 이야기해 보세요.

스펜서는 실험실을 살펴보았어요.

실험실에는 뜨거운 열이 나오는 물건이 없었어요.

전자파 기계만 작동하고 있었어요.

스펜서는 생각했어요.

 '기계에서 전자파가 나오고 있었을 거야.

혹시 전자파 때문에 초콜릿이 녹은 걸까?

전자파가 음식을 뜨겁게 만드는지 알아봐야겠어.'

스펜서는 전자파 기계 옆에 옥수수 알갱이를 두었어요.
그런데 시간이 지나고 신기한 일이 생겼어요.
전자파 기계 옆에 있던 옥수수 알갱이가 팝콘이 되었어요.
스펜서는 깜짝 놀랐어요.

 '이럴 수가! 옥수수 알갱이가 뜨거워져서 팝콘이 되었어.
기계에서 나오는 전자파가 음식을 뜨겁게 만드는구나.
전자파로 음식을 요리할 수도 있겠는걸.'

스펜서는 네모난 모양의 기계를 새로 만들었어요.

기계를 작동하면 안에서 전자파가 나왔어요.

기계 안에 음식을 넣고 작동하면 음식이 뜨거워졌어요.

이 기계가 바로 전자레인지예요.

사람들은 전자레인지를 보고 신기해 했어요.

 "불이 없는데 음식을 뜨겁게 만들다니. 정말 신기해!"

처음으로 만들어진 전자레인지는 크기가 크고 무거웠는데요.

시간이 지나고 작고 가벼운 전자레인지가 만들어졌어요.

많은 사람들이 전자레인지를 사용할 수 있게 되었어요.

요리를 더 간편하게 할 수 있게 되었어요.

💬 시간이 지날수록 크기가 작아진 물건은 또 무엇이 있을까요?
💬 내가 발명하고 싶은 물건이 있나요?
　　친구들과 자유롭게 이야기해 보세요.

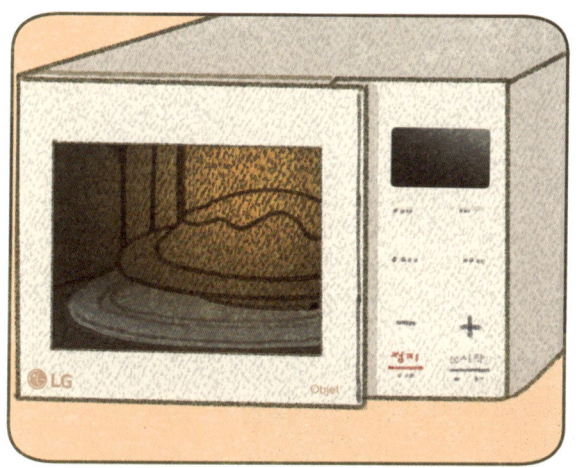

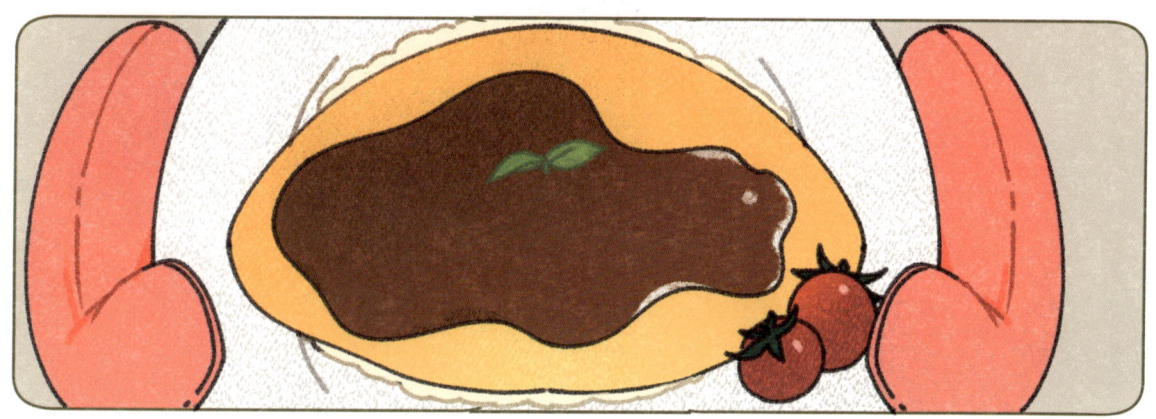

우리나라 전자레인지 이야기

우리나라에서는 1970년대부터
여러 회사에서 전자레인지를 만들기 시작했어요.
우리나라 사람들도 전자레인지를 사용해서
음식을 조리하기 시작했어요.

금성 전자레인지(ER4320B), 서울역사박물관 소장

💬 전자레인지가 없다면 무엇이 불편할까요?

시간이 지날수록 전자레인지는 인기가 더 많아졌어요.

전자레인지로 요리할 수 있는 식품이 많아졌거든요.

지금 전자레인지는 주방에 꼭 필요한 가전제품이 되었어요.

최근에는 새로운 제품도 만들어졌어요.

'광파오븐'이라는 제품인데요. 전자레인지로 쓸 수 있고,

오븐이나 에어프라이어로도 쓸 수 있어요.

사람들이 더 간편하게 요리할 수 있도록

전자레인지는 계속 발전하고 있답니다.

미래에는 어떤 전자레인지가 생길까?

많은 사람들이 간편하게 사용하는 전자레인지!

10년, 20년, 30년….
시간이 더 지나고 미래에는
어떤 전자레인지가 생길까요?

자유롭게 상상해 보고 그림으로 그려 보세요.

💬 어떤 물건이 있어야 요리를 더 쉽고 편하게 할 수 있을까요?
친구들과 자유롭게 상상하면서 이야기해 보세요.

💬 나는 어떤 그림을 그렸나요? 친구들에게 소개해 봅시다.

초콜릿 때문에 전자레인지가 발명되었다고?

34년 추억이 있는 전자레인지

사진에 있는 전자레인지는 '금성사'라는 회사에서 1983년에 만든 전자레인지입니다.
금성사는 지금 'LG(엘지)전자'라는 회사입니다.
박 씨는 34년 동안 이 전자레인지를 사용했는데요.
최근에 LG전자에 전자레인지를 기증했다고 해요.

박 씨는 말했어요.

 "저는 결혼하고 처음 산 전자레인지를

34년 동안 사용했어요.

전자레인지로 아이에게 줄 분유를 데웠고요.

간식으로 빵과 쿠키도 만들었죠.

저한테는 소중한 추억이 있는 전자레인지에요.

지금까지 한 번도 고장 나지 않아서

34년 동안 사용할 수 있었어요."

박 씨는 추억이 있는 물건을 소중하게 생각하는 마음을
사람들에게 전하고 싶었대요.
LG전자는 박 씨의 이야기를 듣고 다짐했어요.

"34년 동안 사용한 전자레인지처럼

튼튼한 가전제품을 계속 만들어 볼게요!"

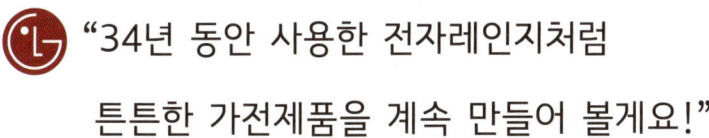

- 우리 집에서 가장 오래된 물건은 무엇인가요?
- 내가 소중하게 생각하는 물건이 있나요? 친구들에게 소개해 보세요.

가전학교 쉬운 글 도서

안녕, 전자레인지!
맛있는 한 끼를 부탁해

발행처	LG전자
기획	LG전자 HS본부 CX담당 HS고객가치혁신실
	이 책의 내용을 상업적으로 사용할 때는 반드시 출처를 밝혀야 하며 HS고객가치혁신실 담당자(hacvi@lge.com)에게 연락 바랍니다.
주소	서울시 영등포구 여의대로 128
고객센터	1544-7777
홈페이지	www.lge.com
출판사	피치마켓
디자인	피치마켓
감수	피치마켓 프렌즈
창간	2023년 04월 20일
초판 1쇄 발행	2025년 10월 09일
ISBN	979-11-92754-73-4
	979-11-92754-68-0 (세트)

Copyright © 2025 LG Electronics. All rights reserved.

경험과 지식이 부족한 사람은 보호자의 감독이나 지시 없이
제품을 안전하게 사용할 수 없습니다.

제품을 안전하게 사용할 수 있도록
보호자와 함께하세요.

이 책에 있는 내용은
LG전자의 '전자레인지 사용설명서' 일부를
쉬운 글로 번안한 것입니다.
아래에 있는 큐알코드를 스캔하면
제품 사용설명서를 볼 수 있습니다.

전자레인지!
이렇게 사용해보자!

목차

전자레인지를 사용하기 전에
알아두세요

6

전자레인지,
더 자세히 알아봐요
: 표시창과 버튼

10

전자레인지,
이렇게도 사용해 보세요
: 전자레인지 열의 세기 바꾸기,
   다양한 기능 이용하기
24

LG전자 서비스 센터
34

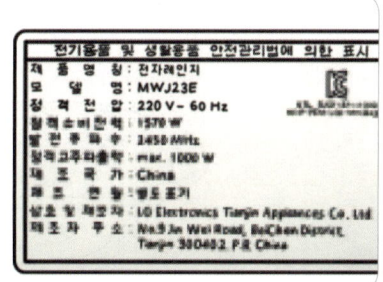

전자레인지를 사용하기 전에 알아 두세요

 전자레인지에 사용할 수 있는 그릇과 사용할 수 없는 그릇이 있어요. 전자레인지에서는 도자기, 내열 유리, 강화 플라스틱 그릇만 사용하세요. 다른 그릇을 사용하면 위험할 수 있습니다.

* 알루미늄 포장지에 있는 음식은 전자레인지에 데우지 마세요. 위험할 수 있습니다.

✓ 전자레인지로 생선, 소시지, 고구마, 감자를 조리하려면 재료에 칼자국을 깊이 내세요.
칼자국을 내지 않고 조리하면 재료가 터질 수 있습니다.

* 밤, 은행, 달걀은 전자레인지로 조리하지 마세요.
위험할 수 있습니다.

✓ 전자레인지로 음식을 촉촉하게 데우려면

그릇에 구멍 뚫린 뚜껑을 덮으세요.

구멍 뚫린 뚜껑이 없으면 그릇에 랩을 씌우세요.

그리고 랩에 젓가락이나 포크로

구멍을 여러 개 뚫어 주세요.

✓ 전자레인지에서 그릇을 꺼낼 때
조리용 장갑을 끼세요.
그릇이 뜨거울 수 있어요.

전자레인지, 더 자세히 알아봐요
: 표시창과 버튼

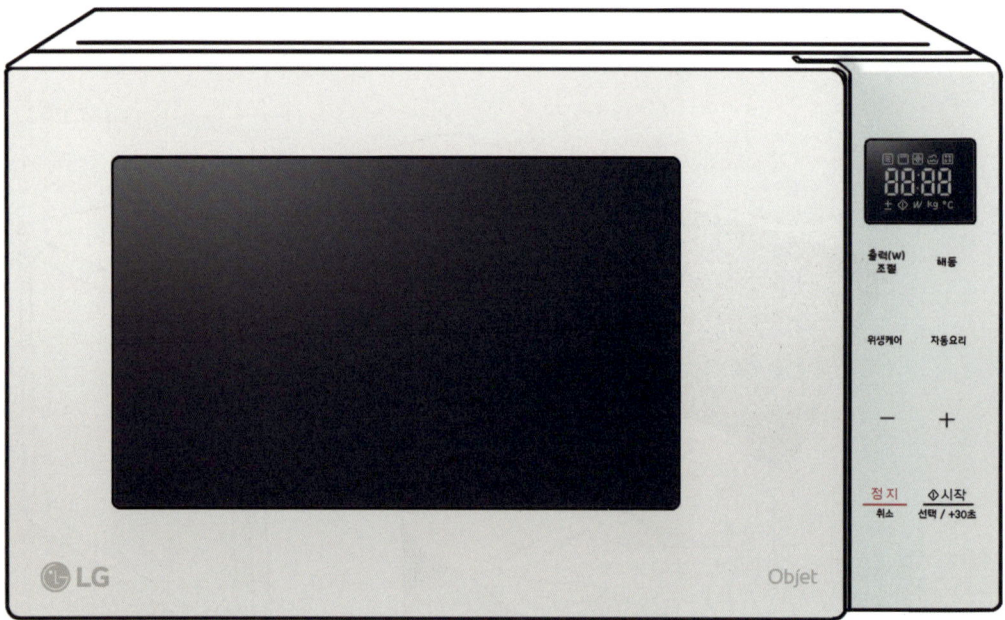

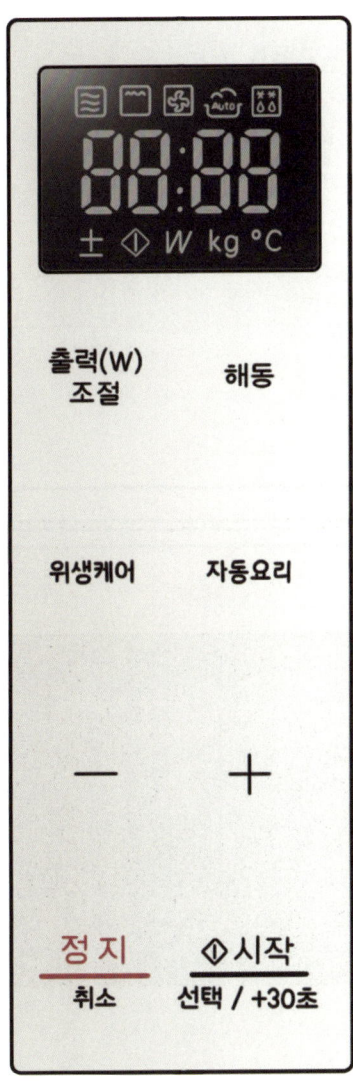

전자레인지 살펴보기

> **전자레인지**
>
> 음식을 따뜻하게 조리합니다.
>
> 차갑게 얼어 있는 음식을 녹일 수 있습니다.
>
> 젖병이나 수건을 소독할 수도 있어요.

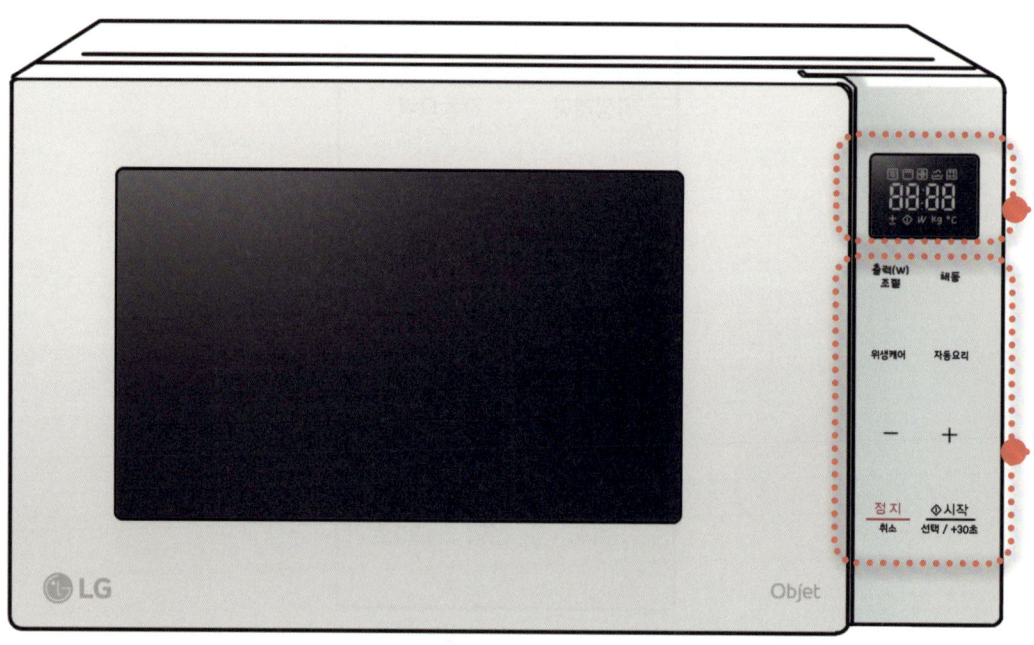

표시창

내가 정한 조리 시간을 확인할 수 있습니다.
전자레인지가 조리를 시작하면
조리 시간이 얼마나 남았는지 알 수 있어요.
전자레인지의 열의 세기도 알 수 있습니다.

버튼

조리를 시작하거나 멈출 수 있습니다.
조리 시간을 정할 수도 있어요.
열의 세기를 바꾸거나 다양한 기능을
사용할 수도 있습니다.

전자레인지 살펴보기

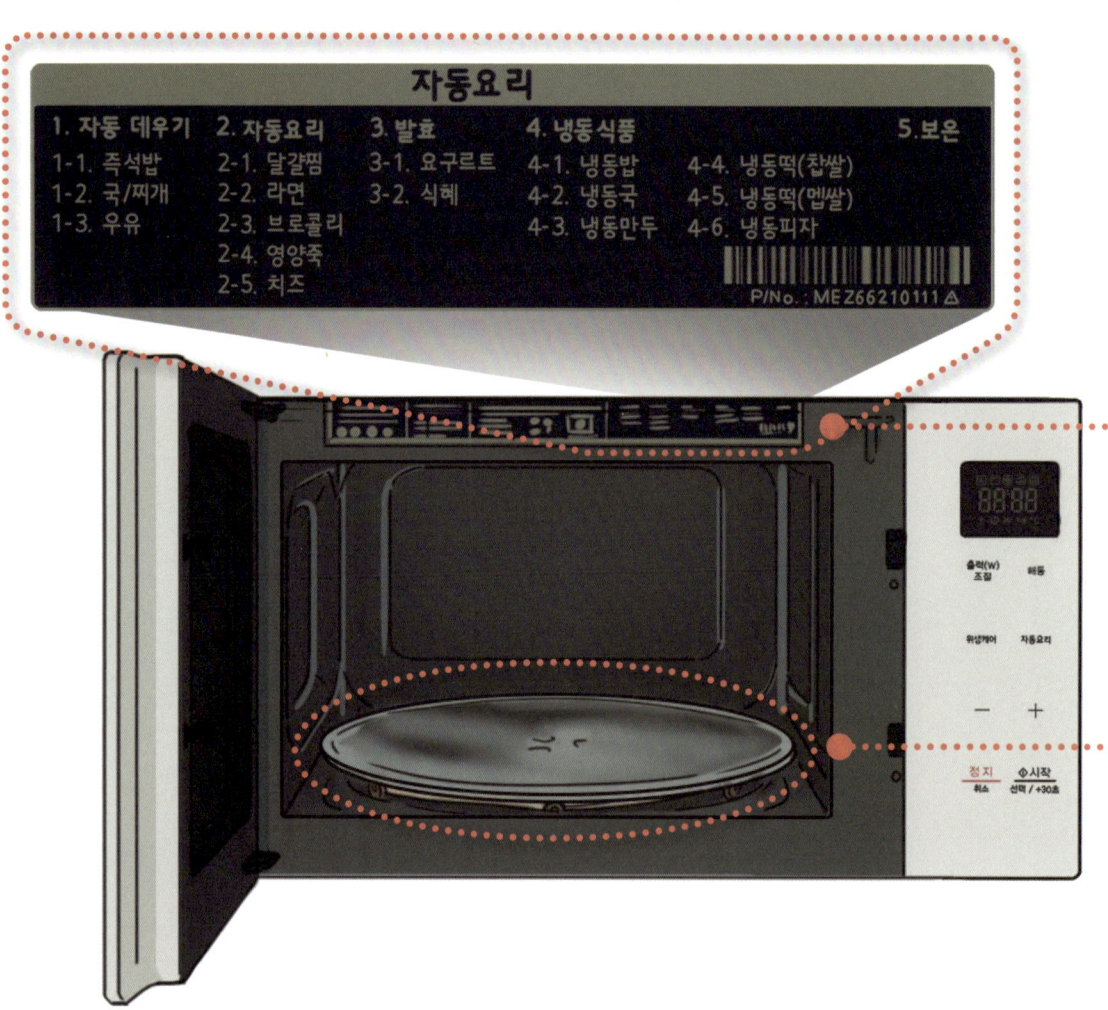

자동요리 메뉴

자동요리를 이용할 때 확인해야 하는 메뉴입니다.

음식 이름 옆에 있는 번호를 보고

자동요리 메뉴를 고를 수 있습니다.

*자동요리 사용 방법을 더 자세히 알고 싶으면 30-33쪽을 확인하세요.

회전 유리 접시

전자레인지 안에 있는 동그란 유리 접시입니다.

조리할 음식을 올려놓는 곳입니다.

전자레인지가 작동할 때 회전 유리 접시가 돌면서

음식을 골고루 데워줍니다.

전자레인지, 이렇게 사용하세요

1

전자레인지 문을 여세요. 음식을 담은 그릇을 전자레인지 가운데에 놓고 문을 닫으세요.

2

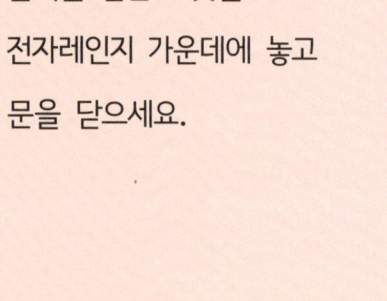 **시작** 버튼을 누르면 조리가 시작됩니다.

 시작 버튼을 누를 때마다 조리 시간이 30초씩 늘어납니다.

3

조리가 끝나면 알림음이 울립니다.

전자레인지 문을 여세요.

그릇이 뜨거우니 꼭 조리용 장갑을 끼고 그릇을 꺼내세요.

> 주의
> 요리가 끝나고 나면 그릇이 매우 뜨거울 수 있어요. 그릇을 꺼낼 때는 꼭 조리용 장갑을 사용하세요.

4

전자레인지 문을 닫으세요.

❶ 전자레인지에 사용할 수 있는 그릇 고르기

전자레인지에서 안전하게 사용할 수 있는 그릇이 있어요.
어떤 그릇을 사용해야 하는지 알아봅시다.

도자기 그릇, 내열 유리 그릇, 강화 플라스틱으로 만든 그릇은 안전하게 사용할 수 있어요.

전자레인지에서 알루미늄 포장지를 사용하지 마세요.
금속으로 만든 그릇이나 포일도 사용하지 마세요. 불이 날 수 있어요.

＊ 알루미늄 포장지에 있는 음식을 조리하려면 포장지를 뜯으세요.
그리고 음식을 안전한 그릇에 부어서 전자레인지에 조리하세요.

⚠ 주의

안전한 사용을 위해 반드시 사용 설명서를 보면서 보호자와 함께 제품을 사용하세요.

❷ 조리 시간 정하기

전자레인지로 음식을 조리하려면 조리 시간을 정해야 합니다.

시작 버튼을 눌러서 조리 시간을 30초씩 늘릴 수 있습니다.

시작 버튼을 누르면 조리가 바로 시작됩니다.

내가 설정한 조리 시간은 표시창에서 볼 수 있습니다.

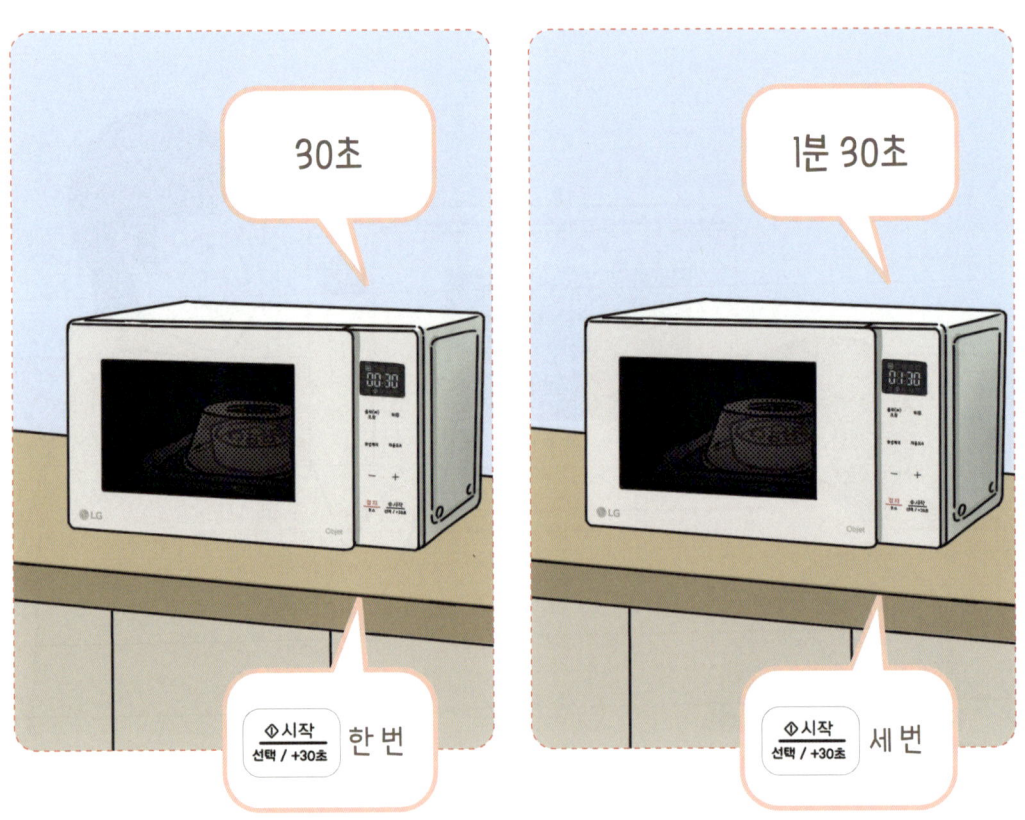

- / + 버튼으로 조리 시간을 정하는 방법

+ 버튼을 누를 때마다 조리 시간이 10초씩 늘어납니다.

- 버튼을 누를 때마다 조리 시간이 10초씩 줄어듭니다.

표시창을 보고 조리 시간을 정하면 됩니다.

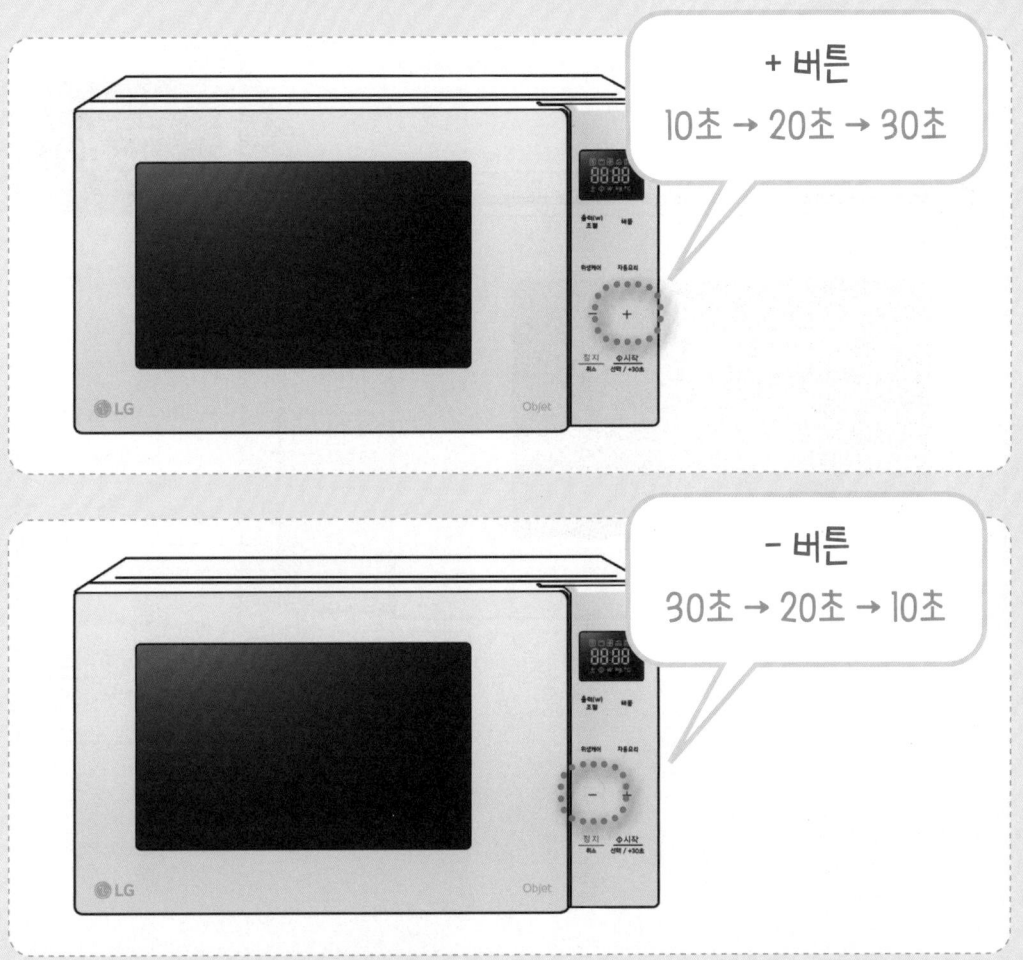

❸ 조리 시작하기

전자레인지에 음식을 넣고 조리 시간을 정했나요?

시작 버튼을 누르면 조리가 시작됩니다.

❹ 조리를 멈추거나 취소하기

조리를 멈추거나 취소하고 싶나요?

정지 버튼을 눌러 보세요.

전자레인지 작동 멈추기

전자레인지가 작동하고 있을 때 **정지** 버튼을 한 번 누르세요. 전자레인지가 잠시 멈춥니다.

전자레인지 작동 취소하기

전자레인지가 작동하고 있을 때 **정지** 버튼을 두 번 누르세요. 조리가 취소됩니다.

전자레인지, 이렇게도 사용해 보세요
: 열의 세기 바꾸기, 다양한 기능 이용하기

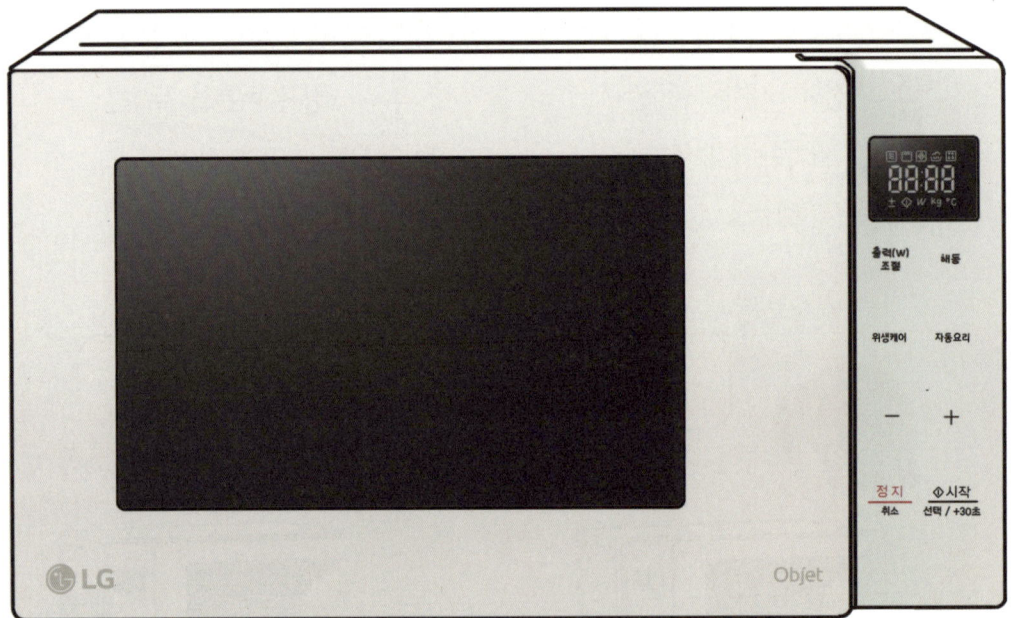

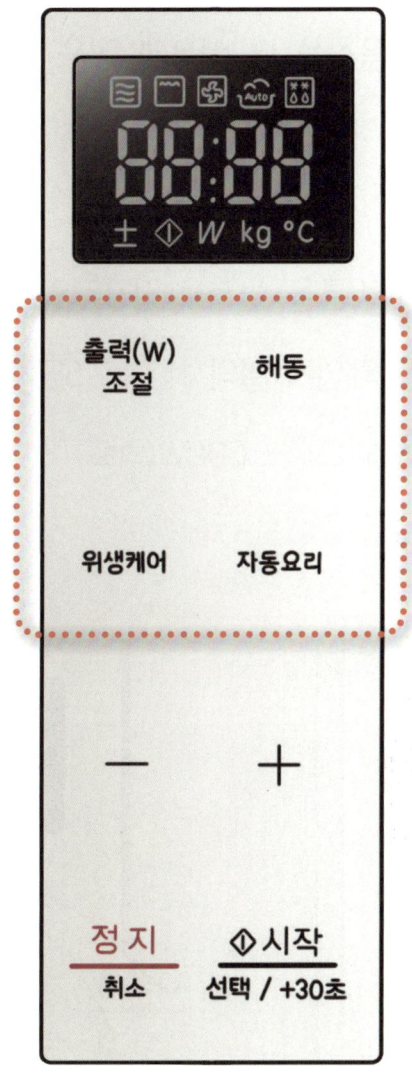

전자레인지 열의 세기 바꾸기

전자레인지 열의 세기

전자레인지에서 열을 강하게 하거나 약하게 할 수 있습니다. 열의 세기가 강할수록 음식을 더 빠르게 데울 수 있어요. 약한 열로 음식을 데우려면 열의 세기를 낮추면 됩니다.

출력(W) 조절 버튼을 눌러서 전자레인지 열의 세기를 바꿀 수 있습니다. 전자레인지 열의 세기는 5단계가 있습니다. 200W(와트) - 400W(와트) - 600W(와트) - 800W(와트) - 1000W(와트)가 있어요.

열의 세기를 바꾸는 방법

전자레인지 안에 음식을 넣고 문을 닫으세요.

표시창에 원하는 열의 세기가 나타날 때까지

출력(W) 조절 버튼을 누르세요.

* 열의 세기를 바꾸지 않으면 기본적으로 1000W(와트)로 설정됩니다.

* 열의 세기마다 조리 시간이 다를 수 있습니다.
  내가 조리하려는 음식의 포장지를 확인해 보세요.
  포장지에 있는 W(와트)를 확인하고 열의 세기를 정하세요.

다양한 기능 이용하기

전자레인지에 다양한 기능이 있습니다.

전자레인지로 차갑게 얼어 있는 음식을 녹일 수 있습니다.

젖병을 소독하거나 젖은 수건을 데울 수도 있어요.

조리 시간을 직접 설정하지 않아도

자동으로 조리 시간을 설정해주는 기능도 있어요.

다양한 기능을 사용하는 방법을 알아봅시다.

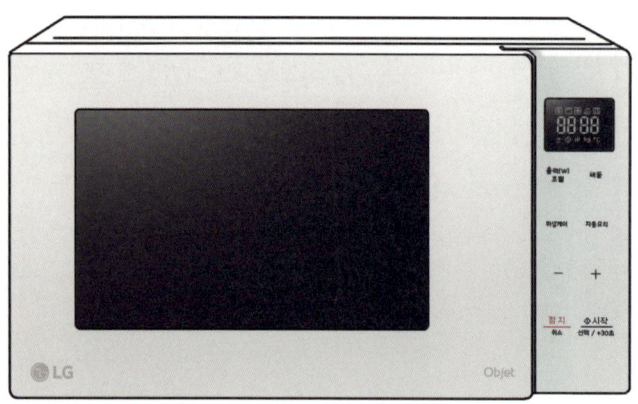
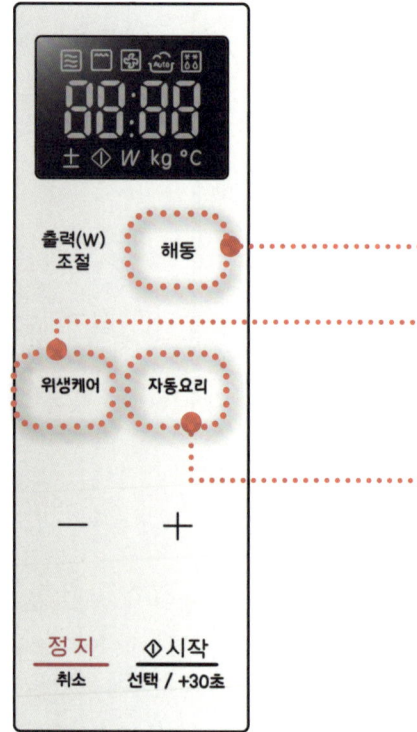

해동

전자레인지에 **해동** 버튼이 있습니다.

해동 버튼을 누르면 얼어 있는 고기나 생선을 녹일 수 있습니다.

위생케어

전자레인지에 **위생케어** 버튼이 있습니다.

위생케어 버튼을 누르면 젖병을 소독할 수 있습니다. 젖은 수건을 따뜻하게 데울 수도 있습니다.

자동요리

전자레인지에 **자동요리** 버튼이 있습니다.

자동요리 버튼을 누르면 자동으로 조리 시간이 설정되어 음식을 알맞게 조리해 줍니다.

*전자레인지에 여러 가지 음식의 자동요리 시간이 등록되어 있습니다. 전자레인지에 등록된 음식만 자동요리 기능을 사용할 수 있습니다.

'자동요리' 더 자세히 알아보기

전자레인지 문을 열면 자동요리 메뉴가 있습니다.

메뉴에 다섯 가지 요리 방법이 있습니다.

'자동데우기', '자동요리', '발효', '냉동식품', '보온'입니다.

요리 방법 아래에는 음식 이름이 있습니다.

음식 이름마다 번호가 정해져 있습니다.

자동요리 버튼과 **+** 버튼을 눌러서 자동요리를 고를 수 있습니다.

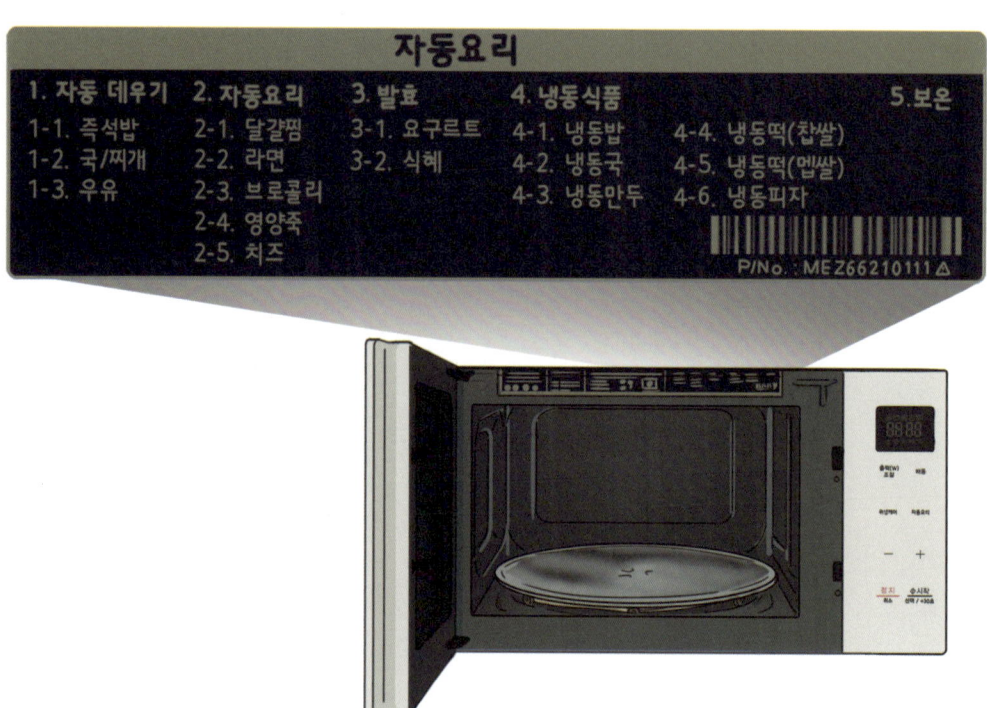

'자동요리'를 이용하는 방법

❶ 요리 방법 정하기

먼저 **자동요리** 버튼을 눌러서

내가 이용하고 싶은 요리 방법을 정하세요.

   1. 자동데우기 : **자동요리** 버튼을 1번 누르기

   2. 자동요리 : **자동요리** 버튼을 2번 누르기

   3. 발효 : **자동요리** 버튼을 3번 누르기

   4. 냉동식품 : **자동요리** 버튼을 4번 누르기

   5. 보온 : **자동요리** 버튼을 5번 누르기

❷ 음식 번호 정하기

+ 버튼을 눌러서 음식 번호를 정할 수 있습니다. 표시창에 내가 원하는 음식 번호가 나타날 때까지 **+** 버튼을 누르세요.

❸ 자동요리 시작하기

시작 버튼을 누르면 자동요리가 시작됩니다.

'자동요리' 이용하기 – 냉동만두 편

자동요리 기능으로 냉동만두를 조리하고 싶나요?

아래 순서대로 따라해 보세요.

① 자동요리 메뉴에서 '냉동만두'의 번호를 확인하세요.

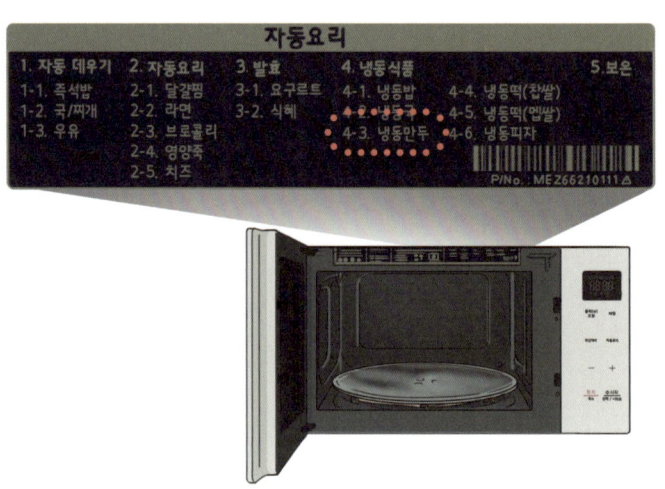

② 냉동만두 번호(4-3)에서 첫 번째 숫자만큼 **자동요리** 버튼을 누르세요. **자동요리** 버튼을 네 번 누르면 됩니다.

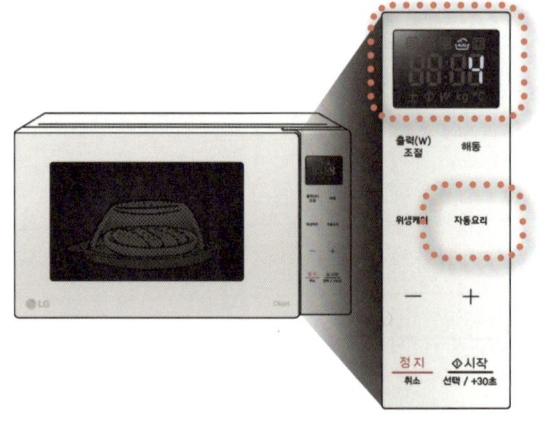

③

표시창에 냉동만두 번호
(4-3)이 나타날 때까지
+ 버튼을 누르세요.
+ 버튼을 세 번
누르면 됩니다.

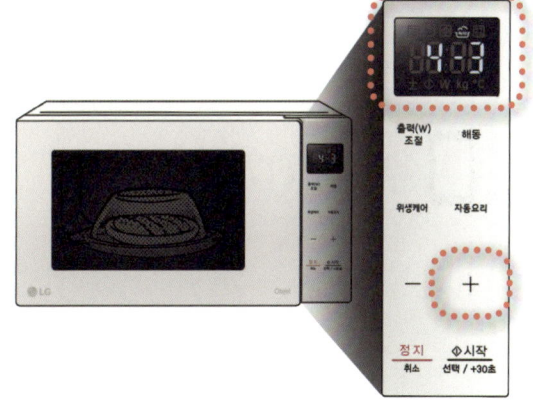

④

마지막으로
시작 버튼을 누르세요.
자동으로 조리 시간이
설정되고 조리가 시작됩니다.

LG전자 서비스 센터

LG전자 전자레인지를 사용하다가 문제가 생겼나요?

LG전자 서비스 센터에 연락하세요.

 1544-7777

서비스 센터에 전화하기 전에 세 가지를 미리 준비하세요.

전자레인지에 어떤 문제가 있는지

전화를 받은 서비스 센터 직원에게 설명해야 합니다.

전자레인지 모델명이 무엇인가요?

LG전자 전자레인지마다 모델명이 있습니다.

전자레인지에 있는 스티커를 보면 모델명을 알 수 있습니다.

직원에게 모델명을 알려 주면

문제를 더 빠르게 해결할 수 있습니다.

✱ 모델명은 영어와 숫자로 써있어요.

② 전자레인지에 어떤 문제가 생겼나요?

직원에게 전자레인지에 어떤 문제가 생겼는지 이야기해야 합니다.
전자레인지에 어떤 문제가 생겼는지 이야기할 수 있도록 미리 준비해 주세요.

예

- 표시부에 불이 들어오지 않아요.
- **시작** 버튼을 눌러도 작동되지 않아요.
- 음식을 데울 때 '딱딱' 소리가 나요.
- 음식을 데울 때 전자레인지가 뜨거워져요.
- 조리가 끝났는데 전자레인지에서 소리가 나요.

전화번호와 집 주소는 무엇인가요?

전자레인지를 고치려고
직원이 집에 찾아올 수도 있습니다.
직원이 전화번호와 집 주소를 물어볼 수 있습니다.
전화번호와 집 주소를 미리 준비해 주세요.

· 전화번호

· 집 주소